I

REMARQUES

Sur la Carte réduite en deux feuilles, des Côtes Occidentales d'Afrique, depuis le Détroit de Gibraltar, jusqu'à la Riviere de Sierra Leona. Dressée au Dépôt des Cartes, Plans & Journaux de la Marine, pour le service des Vaisseaux du Roy ; par ordre de M. Rouillé, Chevalier, Comte de Jouy, &c. Ministre & Sécrétaire d'Etat, ayant le Département de la Marine en 1753.

NOUS avons publié en 1750. une Carte réduite des Côtes Méridionales de la Guinée, depuis la Riviere de Sierra Leona, jusqu'au Cap de Lopés Gonsalvo, avec une Carte particuliere de la Côte d'Or, en plus grand point. Nous y joignîmes un Mémoire pour faire connoître les corrections considérables, que nous avions été obligés de faire fur cette étendue de Côtes, & les observations dont nous avions fait usage pour y parvenir.

Ces Cartes & celles que nous donnons aujourd'hui, font partie d'un travail fort étendu, auquel nous nous livrons depuis long-tems fur la Côte d'Afrique, dont les détails les plus utiles à la Navigation ont été fort négligés jusqu'ici dans toutes les Cartes Hydrographiques.

Celle dont il s'agit ici, en renferme d'extrêmement intéressans, & qui font desirés depuis long-tems par les Navigateurs : & pour rendre ces détails plus sensibles, nous avons été obligés de mettre cette Carte en deux feuilles.

La premiere feuille comprend une partie des Côtes d'Espagne depuis le Cap S. Vincent jusqu'au Détroit de Gibraltar ; ce Détroit s'y trouve avec une petite partie de la Mer Méditerranée : L'on suit les Côtes de Fez & de Maroc fur l'Ocean jusqu'au Cap Bojador. Les Isles de Madere, de Porto Santo, & toutes les Canaries y font comprises.

La seconde, contient la suite des Côtes d'Afrique depuis le Cap Bojador jusqu'à la Riviere de Sierra Leona, avec les Isles

A

du Cap Verd; de forte que cette feconde feuille vient fe rejoindre avec notre Carte des Côtes Méridionales de Guinée, publiées en 1750.

Ces deux feuilles nous obligent de divifer ces obfervations en deux parties.

PREMIERE PARTIE,

Les Côtes d'Efpagne depuis le Cap S. Vincent jufqu'au Détroit de Gibraltar, & celles d'Afrique depuis ce Détroit jufqu'au Cap Bojador, avec les Ifles de Canaries.

La Côte depuis le Cap S. Vincent jufqu'au Détroit de Gilbraltar, eft la copie de ce que nous avons donné en 1751. dans la Carte réduite des Côtes d'Efpagne & de Portugal; ainfi il fuffit de renvòyer aux pages 2 & 3 du Mémoire qui l'accompagne.

La Côte d'Afrique depuis le Cap Spartel jufqu'au Cap de Gëer, qui fait la pointe du Nord de la Rade de Sainte-Croix, a été dreffée fur les remarques des Navigateurs & les Portulands les plus fidéles; mais le detail des mouillages, les fondes au large, & les giffemens des Caps, font pris fur une Carte manufcrite du Dépôt, qui a été faite en 1737. par un habile Ingénieur qui étoit embarqué fur l'Efcadre Françoife qui y croifoit alors; cette Carte mérite d'autant plus de confiance, qu'outre fes obfervations particulieres, il a raffemblé toutes celles que les Pilotes de cette Efcadre avoient eu occafion de faire dans une affez longue croifiere: Il a eu auffi communication des remarques qui avoient été faites dans ces parages par plufieurs Vaiffeaux Hollandois, qui y avoient croifés long-tems avant l'arrivée des Vaiffeaux François. Cette Carte manufcrite porte : *Faite abord du Diamant le 25 Septembre 1733.* Je fais cette remarque parce que j'ai eu entre les mains une Carte Hollandoife, gravée à Amfterdam en 1738. par Jean Vankeulen, & qui porte dans fon titre : *Faite par Hendrix Luiflager, Capitaine de Vaiffeau au fervice des Provinces Unies, &c.* qui contient les mêmes parties que celle de l'Ingenieur François, dont elle fe trouve une copie fi exacte & fi bien figurée, qu'il eft aifé de confondre le manufcrit François qui eft au Dépôt, & la Carte gravée à Amfterdam; &

3

ſans les dates, il ſeroit difficile de juger quel eſt l'original, &
ſi ce travail appartient aux François ou aux Hollandois : Pour
moi je ne doute pas qu'il ne ſoit l'ouvrage des uns & des autres,
& que leurs remarques communiquées & réunies n'ayent ſervi
à former cette Carte, que j'ai fait paſſer toute entiere ſur la
mienne, avec d'autant plus de confiance, que j'ai trouvé qu'elle
s'accordoit avec les Routiers les plus exacts, dont voici quelques
exemples pris indifféremment.

1°. Du Cap S. Vincent à Cadix ils donnent pour la route
l'E. $\frac{1}{4}$ S. E. corrigé 43. lieues ; ſur ma Carte on trouve cet air de
vent & la diſtance de 45 lieues ayant augmenté de 2 lieues ſur
les avis de pluſieurs Navigateurs expérimentés.

2°. La latitude du Cap S. Vincent eſt marquée dans les meilleurs Routiers par 37 degrés cinq minutes, ſur ma Carte elle eſt de
37 degrés 2 minutes, conformément à la Carte Hollandoiſe,
& au manuſcrit François.

3°. J'ai placé Tanger par 36 degrés 42 minutes ; on trouve
dans M. Harris que la latitude de cette place a été obſervée de
36 degrés 40 minutes, ce qui s'accorde auſſi avec les deux
Cartes citées ci - deſſus.

Je crois qu'il eſt inutile de rapporter toutes les obſervations de
latitude qui ſont répandues dans nos Routiers & nos Journaux,
& dont nous avons fait uſage pour placer les principaux lieux de
cette Côte. Ce qu'on vient de voir étant ſuffiſant pour faire connoître ce qu'on peut eſperer de notre travail ſur cette partie.

Le reſte de la Côte depuis Sainte - Croix juſqu'au Cap Bojador,
n'eſt pas, à beaucoup près, auſſi détaillé. Cette partie peu fré-
quentée, ſe trouve entierement dépourvûe d'obſervations ; & je
n'ai pu la tracer que ſuivant les Cartes que j'ai jugé les moins mau-
vaiſes.

J'ai cru pour la ſatisfaction de nos Officiers, devoir ajoûter
quelques notions de l'intérieur des Royaumes de Fez & de Maroc : & pour ce détail j'ai ſuivi la Carte d'Afrique, publiée par un
de nos meilleurs Géographes en 1750. Mais quoique j'aye beaucoup de confiance dans ſon travail, j'ai été bien aiſe de connoître
les ſources où il avoit puiſé, & l'uſage qu'il en avoit fait.

J'ai trouvé que ſes détails intérieurs étoient tirés de l'Hiſtoire
d'Afrique écrite par Jean de Leon. Cet Auteur étoit né des Mo-
res de Grenade, & paſſa dans le Royaume de Fez en 1492. lorſ-

qu'ils furent chaſſés d'Eſpagne. Il s'adonna aux Lettres Arabeſ-
ques, & fit pluſieurs voyages dans l'Afrique ; après en avoir par-
couru la plus grande partie, il en compoſa l'Hiſtoire. Ayant été
pris ſur les Côtes de Barbarie, & conduit au Pape Leon en 1513.
non ſeulement il en fut bien reçu comme Sçavant, mais il ſe l'at-
tacha, & l'engagea de traduire ſon Ouvrage en Italien. Il mou-
rut en 1521. & ſon Ouvrage traduit en François a été imprimé à
Lyon en 1556.

Voilà l'origine de toutes nos connoiſſances Géographiques ſur
cette partie. Marmol & Dapper n'ont écrit que depuis Jean de
Leon ; Sanſon & Baudran qui ont écrit depuis, varient ſur quelques noms. Mais il en faut revenir toujours à Jean de Leon Auteur
national, Sçavant, & qui a vû par lui-même.

La poſition des Iſles de Madere & de Porto-Santo méritant
beaucoup d'attention, je n'ai rien négligé pour l'établir d'une maniere ſure & conſtante.

En 1742. lorſque je donnai la Carte de l'Ocean Occidental, je
fis des recherches pour placer ces Iſles avec quelque exactitude,
& l'on trouve aux pages 4 & 5 du Mémoire qui l'accompagne,
des diſcuſſions importantes, auxquelles je me contente de ren-
voyer : j'ajoûterai ſeulement ici quelques détails particuliers, qui
confirment la juſteſſe des opérations que j'avois faites alors.

J'ai placé la pointe du Sud-Oueſt de Madere par les 32 degrés
30 minutes de latitude, ſuivant les obſervations qui ont été faites
à la vûe de cette pointe ſur les Vaiſſeaux la Galatée & le Cupidon en 1710. & ſur le Vaiſſeau du Roy le Fleuron en 1737.

J'ai mis la Ville de Funchal qui eſt ſituée à la Côte du Sud,
preſque au milieu de l'Iſle, par les 32 degrés 38 minutes de latitudes, ſuivant l'obſervation qui y a été faite en 1720. par le Pere
Laval, Jeſuite Mathématicien, embarqué ſur le Vaiſſeau du Roy
le Toulouſe. Cette obſervation eſt fort bonne, on peut la ſuivre
avec confiance, au lieu que celle de longitude qu'il nous donne,
s'écarte beaucoup du vrai.

Outre çes obſervations, j'en ai pour déterminer la pointe du
Nord-Eſt (a) de cette Iſle & ſa partie (b) du Nord. Leur accord

---

(a) Dans le Journal du Vaiſſeau du Roy le Griffon en 1738. on trouve qu'il a obſervé 32 degrés 48 minutes de latitude, la pointe du Nord-Eſt de Madere lui reſtant à l'Oueſt, & Porto-
Sancto au N. N. O

(b) Le Vaiſſeau l'Afriquain en 1724. a obſervé 32 degrés 53. minutes de latitude, étant à une
lieue & demie d'un gros Cap qui eſt dans le milieu de la Côte du Nord de Madere.

avec les précédentes, prouve la justesse des unes & des autres.

J'ai donné à cette Isle 17 à 18 lieues de long, quoique toutes les Cartes Marines lui en donnent beaucoup davantage.

A l'égard de la longitude qu'il convient de donner à l'Isle de Madere, nous croyons l'avoir établie avec assez d'exactitude dans le Mémoire que nous avons publié en 1742. plaçant Funchal par 19 degrés 20 minutes à l'Occident du Méridien de Paris.

La longitude de cette Isle entraîne * celle de l'Isle de Porto-Santo, qui n'en est éloignée que de 8 lieues au N. E. ¼ N. ; quoique toutes les Cartes marquent beaucoup plus de distance entre ces deux Isles.

La latitude de Porto-Santo se pourroit conclure des observations qu'on vient de rapporter sur celle de Madere ; mais comme nous ne devons rien négliger pour trouver le degré de certitude nécessaire, nous avons fait usage des trois observations suivantes, qu'il faut rapporter sur la Carte pour en connoître toute l'exactitude.

Le Vaisseau du Roy le Fleuron en 1747. a observé 33 degrés 5 minutes, la pointe du Sud-Est de Porto-Santo lui restante à l'Ouest.

L'Annibal Vaisseau de la Compagnie des Indes en 1731. a observé 33 degrés 14 minutes, le milieu de l'Isle de Porto-Santo lui restant à l'Ouest.

Le Vaisseau la Badine en 1730. a observé 33 degrés 21 minutes, la partie du Sud de Porto-Santo lui restante au Sud-Ouest, à 6 lieues de distance.

Les Isles Désertes sont trois Isles assez grandes, situées au S. E. ¼ S. de la pointe de l'Est de Madere, dont la plus Sud en est éloignée au moins de 12 à 13 lieues : & non pas trois petits Islots de peu d'étendue, & peu distants de Madere, comme l'ont marqué jusqu'ici toutes les Cartes. Je dois cette remarque au Vaisseau du Roy le Griffon en 1738. qui a donné dans son Journal une Description de ces Isles, de leur étendue & de leur situation. Si cette remarque avoit besoin d'être confirmée, on en trouve la preuve dans le Journal du Vaisseau du Roy le Fleuron en 1737. qui a ob-

* Il est bon de remarquer que la plûpart des Cartes Marines placent les Isles de Madere & de Porto-Santo trop à l'Ouest, & presque tous les Navigateurs qui partent de France, trouvent à l'atterage de ces Isles des différences considérables en longitude, qu'ils attribuent aux Courans qui attirent, disent ils vers le Détroit de Gibraltar : mais raprochant les Isles vers l'Est, ces erreurs & ces courans disparoissent.

fervé 32 degrés 20 minutes, la plus Sud des Ifles Défertes lui reftante à l'Oueft à 6 lieues, Porto-Santo au N. 5 degrés E. à 15 lieues, & le bout de l'Eft de Madere au N. O. à 12 lieues.

Les Salvages font mal placés dans toutes les Cartes : plufieurs Navigateurs en ont fait la remarque; on trouve dans le Journal du Vaiffeau la Badine en 1730. que, *depuis le Relevement des Ifles Défertes jufqu'à l'atterage des Salvages, il avoit trouvé que ces Ifles étoient marquées fur la Carte de Pietergoos, 17 lieues plus à l'Oueft qu'elles ne devoient être.*

L'Aftrée en 1727. remarque que *les Salvages étoient portées 16 lieues trop à l'Oueft fur fa Carte.*

Ces Remarques m'ont engagé à faire les recherches néceffaires pour placer ces Iflots avec l'exactitude que la fureté des Navigateurs exige de nous. Mais je n'ai pû y parvenir qu'en raffemblant plufieurs obfervations de latitude faites à la vûe de ces Ifles, & quelques routes, giffemens & diftances, avec les Ifles les plus voifines.

1°. Le Vaiffeau le Griffon en 1721. étant à 4 lieues au Nord du gros Iflot des Salvages, a obfervé 30 degrés 15. minutes de latitudes.

2°. L'Aftrée en 1727. étant à 3 lieues au Sud de ces Ifles, a obfervé 29 degrés 56 minutes de latitude.

3°. Le Fleuron en 1737. étant à l'Oueft des Salvages, a trouvé 30 degrés 5 minutes de latitude.

De ces trois obfervations on peut conclure la latitude des Salvages de 30 degrés 5 à 6 minutes, fans craindre d'erreur préjudiciable à la Navigation.

A l'égard de leur longitude, celles des Ifles de Madere & de Teneriffe la déterminent; on trouve dans le Journal du Vaiffeau le Griffon en 1721, que la pointe du S. O. de Madere, & la partie de l'Oueft des Salvages giffoient entr'elles S. E. $\frac{1}{4}$ S. 3 à 4 degrés Sud. Et dans le Journal de la Venus en 1721. on trouve que des Salvages à la pointe du Nord-Eft de l'Ifle de Teneriffe, la route eft le S $\frac{1}{4}$ S. O. diftance 30 lieues.

Il faut remarquer que ces différentes obfervations fe fervent réciproquement de preuves; car fi quelqu'une manquoit d'exactitude, il en réfulteroit différentes façons de placer ces Ifles, au lieu de fe réunir fur le même point, comme elles font ici.

J'ai traité les Ifles de Canaries différemment de ce qu'elles font dans les Cartes Angloifes & Hollandoifes ; & fans vouloir faire de critique particuliere, je remarquerai feulement qu'elles donnent toutes trop d'étendue à ces Ifles de l'Eft à l'Oueft, mettant 100 lieues de l'Ifle de Fer à l'Ifle gracieufe, au lieu qu'il y en a au plus 75. & cette erreur étoit d'autant plus aifée à éviter, que les anciennes Defcriptions (*a*) de ces Ifles font affez exactes, & s'accordent fort bien avec les obfervations les plus récentes & les remarques particulieres des Navigateurs, dans le détail defquelles je vais entrer pour établir mes corrections.

L'Ifle de Fer eft 20 degrés à l'Occident du Méridien de Paris, fuivant les obfervations du Pere Feuillé. M. de Maraldi la conclut de 20 degrés 2 minutes à l'extrêmité Occidentale de l'Ifle. M. de Caffini dans fes Tables Aftronomiques de 1740. la donne de 19 degrés 51 minutes 30 fecondes; la connoiffance des tems, année 1753. la donne de 19 degrés 54 minutes 15 fecondes. J'ai fuivi la premiere de ces déterminations (qui différent à la vérité de bien peu) comme la plus commode au calcul de la graduation, & au rapport des différens Méridiens. A l'égard de fa latitude, le Pere Feuillé l'a obfervée de 27 degrés 47 minutes 51 fecondes; ainfi fa pofition paroît affez bien conftatée.

Celle de l'Ifle de Teneriffe n'a pas été auffi facile à déterminer, & je fuis forcé d'entrer dans la difcuffion des différentes obfervations qui font à ma connoiffance, & dont j'ai fait ufage, ou que j'ai crû devoir abandonner.

Les Tables Aftronomiques que j'ai citées ci-deffus, donnent la longitude du Pic de Teneriffe de 18 degrés, déterminée fur des obfervations. Donc entre l'Ifle de Fer & le Pic 2 degrés de différence en longitude.

Le 26 Août 1724. le Pere Feuillé fit des Obfervations Aftronomiques à la Ville de l'Oratava, fituée prefque au pied de la Montagne, & l'on en conclut, cette Ville 18 degrés 48 minutes à l'Occident du Méridien de Paris; & comme l'Oratava eft au moins 2 minutes plus Orientale que le Pic, la longitude de celui-ci fera de 18 degrés 50 minutes, & par conféquent il en refultera 1 degré 10 minutes entre fon Méridien & celui de l'Ifle de Fer, & non pas 2 degrés, comme on l'a trouvé ci-devant.

(*a*) On peut voir l'Hiftoire de la Découverte & Conquête des Canaries par le fieur Bethencourt en 1402. & fuivantes, écrite dans ce tems par le Frere Pierre Bontier, &c. à Paris 1630. & la Defcription des Canaries de 1526, par Thomas Nicols au Midnal, Facteur Anglois, &c. Voyez Hakluit 2. partie du Tome 2. &c.

Au mois de Septembre de la même année, cet Astronome fit des observations des Satellites de Jupiter dans la Ville de Laguna; d'où l'on conclut la longitude de cette Ville de 18 degrés 53 minutes à l'Occident de Paris; or Laguna est située environ 2 lieues à l'Est du Pic; ainsi suivant cette observation le Pic seroit par les 18 degrés 58 minutes, ou 19 degrés au plus de longitude, ce qui ne donneroit qu'un degré entre son Meridien & celui de l'Isle de Fer.

Le nouveau Kalendrier des Mariniers imprimé à Londres en 1734. Ouvrage estimé, & qui paroît fait avec soin & beaucoup de recherches, donne la longitude de Teneriffe de 16 degrés 36 minutes Méridien de Londres, ce qui revient au 19 degrés 1 minute de celui de Paris.

La Connoissance des Tems calculée pour l'année 1753. donne pour la longitude du Pic, 18 degrés 52 minutes. Entre toutes ces observations il n'étoit pas difficile de prendre le parti le plus convenable; j'ai suivi celle faite à l'Oratava, qui me donne 18 degrés 50 minutes pour la longitude * du Pic, & 1 degré 10 minutes entre son Méridien & celui de l'Isle de Fer. Et je l'ai adoptée avec d'autant plus de confiance que j'ai trouvé qu'elle s'accordoit très-bien avec la distance estimée par les Navigateurs entre ces deux Isles, comme je vais le prouver par le détail suivant.

Entre l'Isle de Fer & celle de Gomere, la passe n'est que de cinq à 6 lieues tout au plus, la Gomere n'a pas plus de quatre lieues de large de l'Est à l'Ouest. De là Gomere à la pointe du Sud-Ouest de Teneriffe il n'y a que six lieues, quelques Navigateurs même assurent qu'elles n'y sont pas. Entre cette pointe du Sud-Ouest & le Pic, la différence Est & Ouest est au plus de six lieues, & c'est donner beaucoup. Joignant toutes ces distances, & y ajoutant quatre lieues pour la distance entre la Côte Orientale de l'Isle de Fer & sa partie Occidentale, il en résultera environ vingt lieues, qui par ce parallele valent 1 degré 10 minutes environ pour la différence en longitude entre le Pic & l'Isle de Fer, conforme à celle que j'ai suivie.

Enfin dans l'Histoire générale des Voyages, faite en Angle-

---

* Dans le Journal de la Campagne de Dom Georges Juan, Capitaine des Vaisseaux du Roy d'Espagne, & l'un des Astronomes envoyés au Perou en 1735. on trouve qu'il a conclu sur des Observations Astronomiques, que la longitude du Pic de Teneriffe devoit être de 18 degrés 50 minutes à l'Occident du Méridien de Paris, & il remarque qu'à l'atterage de cette Isle ses routes estimées avec soin depuis son départ de Cadix, lui avoient donné la même longitude pour le Pic à 6 minutes près.

tere par une Société de Gens de Lettres, on trouve que fur les
obfervations du P. Feuillé ils ont * conclu 1 degré 5 minutes
pour la différence des Méridiens entre l'Ifle de Fer & le Pic,
dont ils donnent auffi la latitude de 28 degrés 30 minutes.

Si ce qu'on vient de voir avoit befoin d'être appuyé, j'y join-
drois le fentiment d'un de nos plus habiles Géographes, qui dans
la belle Carte d'Afrique qu'il a publié en 1749. n'a mis qu'un
degré & quelques minutes de différence en longitude entre l'Ifle
de Fer & le Pic de Teneriffe.

Je puis donc affurer les Navigateurs que la pofition des Ifles de
Fer & de Teneriffe eft exacte, & l'on a vû ci-devant celle des
Ifles de Madere & de Porto-Santo établie avec affez de précifion;
mais comme il faut que toutes les parties d'une Carte hydrographique fe lient les unes avec les autres avec une exactitude à laquelle on ne puiffe rien oppofer, & qu'elles fe fervent de preuves
mutuelles, j'ai tâché de raffembler des obfervations particulieres
pour lier l'Ifle de Madere avec ces Ifles.

1°. J'ai trouvé dans le Journal de la campagne du Vaiffeau de
la Compagnie des Indes la Venus en 1728. que la route *de la Pointe
de l'Oueft de Madere à l'Ifle de Palme eft le Sud 72 lieues: & les Cartes n'en marquent que 60*, ajoute ce Navigateur.

2°. Dans le Journal du Vaiffeau l'Afriquain en 1724. Pilote
Gaultier. On trouve cette remarque : *La pointe du Sud-Eft de l'Ifle
de Palme reftante à l'Eft obfervé 28 degrés 26 minutes de latitude;
trouvé que les Ifles de Palme & de Gomere font mal marquées fur les
Cartes Hollandoifes, & qu'elles mettent trop de diftance entre ces Ifles
de 6 à 7 lieues au moins de trop, fait la même remarque à la vûe de
l'Ifle de Fer.*

3°. Le Courier d'Orleans en 1732. a obfervé 28 degrés 38 minutes de latitude, le milieu de l'Ifle de Palme lui reftant à l'Eft.
Or cette Ifle ayant 7 lieues de longueur du Nord au Sud, il ré-
fultera de cette obfervation 28 degrés 28 minutes pour la latitude
de fa pointe du Sud-Eft ; ce qui ne differe que de deux minutes
de l'obfervation de la Venus en 1728.

Nous pourrions entrer dans le même détail pour les Ifles de
Teneriffe, Canarie, Fortavanture, Lancerotte, &c. mais ce dé-

---

* Voyez la Traduction Françoife, Tome 1. *in-quarto*, pages 236. & 238.

B

tail nous jetteroit extrêmement loin, & ne seroit pas d'une grande utilité. Ce qu'on vient de voir suffit pour faire connoître avec quelle scrupuleuse exactitude nous avons discuté le plus de points qu'il nous a été possible; car quelques recherches que l'on fasse, l'on n'est pas également éclairé sur toutes le parties; il arrive même que dans le grand nombre d'observations que l'on rassemble, soit pour les latitudes, soit pour les distances, soit pour les relevemens des terres, qui sont répandues dans les Journaux des Navigateurs, il s'en trouve quelquefois qui paroissent se contredire, ou s'écarter les unes des autres; mais il est certain qu'avec beaucoup d'attention, & à force de combinaison on retrouve toujours la vérité.

DEUXIEME PARTIE,

Contenant les Côtes d'Afrique depuis le Cap de Bojador jusqu'à la Riviere de Sierra - Leona, & les Isles du Cap-Verd.

Il est étonnant que des Côtes si fréquentées par les Navigateurs, ne soient pas marquées sur les Cartes avec plus d'exactitude & de précision. Je ne crains point de dire que toutes celles dont j'ai eu connoissance jusqu'à présent, ne sont que des copies d'anciennes Cartes remplies d'erreurs très-considérables & très-dangereuses. Il en faut cependant excepter la Carte qui a été dressée pour la Compagnie des Indes en Juillet 1751. par un de nos plus habiles Géographes. Ce morceau, comme tout ce qui sort de ses mains, mérite beaucoup d'attention, & si je n'avois pas eu des détails particuliers & une suite d'observations immédiates sur la plus grande partie de ces Côtes, je n'aurois pas balancé un instant à le suivre & profiter de son travail; mais mes recherches m'ont forcées de l'abandonner, & pour peu que l'on compare nos deux Cartes ensemble, on sera frapé des différences considérables qui se trouvent entr'elles; & cette raison seule est suffisante peur m'obliger à rendre compte des observations dont j'ai fait usage.

Pour fixer la longitude de toute cette étendue de Côtes, nous n'avons qu'un seul point qui soit déterminé par des Observations Astronomiques, & ce sont celles qui ont été faites au Cap-Verd & à Goré par Messieurs Varin, Duglos & Deshayes. Elles nous donnent le Cap-Verd 19 degrés 30 minutes à l'Occident du Méridien de Paris, & l'Isle de Goré 19 degrés 25 minutes; & pour la latitude de Goré 14 degrés 29 minutes 51 secondes, & pour celle du Cap-Verd, 14 degrés 43 minutes. Cette derniere observation s'accorde parfaitement avec celles qui ont été faites par différens Navigateurs (a) à la vûe de ce Cap; ce qui est d'autant plus nécessaire de faire remarquer que j'employe souvent les latitudes observées à la Mer.

La longitude du Cap-Verd m'a servi pour déterminer celle du Cap-Blanc; mais pour y parvenir, il a fallu constater la latitude de ce dernier & son giffement avec le Cap-Verd.

1°. J'ai trouvé que le Cap-Blanc devoit être par la latitude de 20 degrés 38 minutes, l'Astrée en 1727. ayant pris hauteur à l'Ouest de ce Cap, a trouvé 20 degrés 40 minutes; dans une autre campagne sur le même Vaisseau en 1738. le Cap-Blanc restant au N. E. ¼ N. à 3 à 4 lieues de distance, observé 20 degrés 30 minutes de latitude ; ce qui donne pour celle de ce Cap 20 degrés 38 minutes à 39, peu différente de celle observée onze ans auparavant.

Ce Navigateur remarque que *dans le S. S. E. du Cap-Blanc une lieue & demie, il y a un banc où la Mer brise beaucoup ; dans le Nord dudit banc, à une portée de fusil de lui on trouve 9 brasses d'eau, fond de gros gravier. Il ajoute que le Cap-Blanc étoit marqué sur les Cartes trop Sud de 15 minutes.*

2°. Je n'ai pû déterminer la longitude du Cap-Blanc que par estime ; & eu égard à celle du Cap-Verd, ce qui étoit d'autant plus difficile que toutes les Cartes Hydrographiques varient beaucoup sur le giffement de ces deux Caps entr'eux. Les unes marquent le Cap-Blanc un peu plus Occidental que le Cap-Verd, d'autres le font plus Oriental, & quelques-unes les placent Nord & Sud. J'ai consulté les Journaux de plusieurs Navigateurs, & leurs routes réduites du Cap-Blanc au Cap-Verd, ont toujours donné le Sud 2 ou 3 degrés O.; quelques-unes même n'ont don-

(a) Le Vaisseau du Roy le Griffon en 1721. a trouvé le Cap-Verd par 14 degrés 41 minutes.
L'Astrée en 1727. l'a trouvé par 14 degrés 44 minutes
L'Anemone en 1751. a observé la latitude des mamelles du Cap Verd de 14 deg. 42 minutes.
La nouvelle Carte que j'ai cité ci-dessus, met les mamelles du Cap-Verd par 14 degrés 48 minutes de latitude. Je ne sçai sur quel fondement ; mais cette erreur est peu considérable.

né (*a*) que le Sud. Mais je crois qu'il convient mieux pour la sûreté des Navigateurs, de placer sur les Cartes le Cap-Verd un peu plus Occidental que le Cap-Blanc ; mais ce gissement ne peut jamais donner plus de 12 ou 15 minutes pour leur différence en longitude ; ce qui s'éloigne beaucoup de la nouvelle Carte des Côtes Occidentales d'Afrique publiée en 1751. où cette différence se trouve de 40 minutes.

La Côte depuis le Cap-Blanc jusqu'au Cap Sainte-Anne, forme une Baye qui s'enfonce près de 7 à 8 lieues dans le Nord, & depuis le Cap Sainte-Anne jusqu'à la pointe des Tortues, on trouve les bancs & Isles d'Arguin. J'ai tiré cette partie d'un Plan manuscrit du Dépôt des Plans de la Marine, levé sur les lieux par un Pilote des Vaisseaux du Roy, & dont j'avois déja fait usage en 1746., l'ayant inseré dans le Tome deuxiéme de l'Histoire générale des Voyages, & que l'Auteur de la nouvelle Carte a copié avec raison comme ce qu'il y a de plus exact & de plus détaillé.

La suite des Côtes depuis la Pointe aux Tortues jusqu'au Cap Mirik, paroît au premier coup d'œil assez semblable à ce que j'en ai inseré dans le Tome 2. de l'Histoire des Voyages, & que j'avois tiré alors des morceaux de Géographie qui sont dans la Relation de l'Afrique Occidentale du Pere Labat, & employés de nouveau dans la Carte citée ci dessus ; mais si l'on examine ma Carte avec attention, on verra que j'ai fait aujourd'hui des changemens considérables sur toute cette partie, de sorte que le gissement de la Côte devient tout different : Par exemple, toutes ces Cartes, aussi-bien que les Cartes Marines (*b*) Angloises & Hollandoises, marquent au Sud du Cap-Blanc un grand banc qui s'étend plus de 30 lieues sur cet air de vent ; au lieu que sur ma Carte ce banc est marqué presque S. E. & N. O. Correction importante, qui m'a été donnée par des Navigateurs (*c*) fort pratiques de ces Côtes.

(*a*) Dans les Journaux des Vaisseaux la Galatée & le Cupidon en 1710. on trouve par les routes réduites du Cap-Blanc aux mammelles du Cap-Verd le Sud, 120 lieues, estime qui s'accorde parfaitement avec les latitudes constatées de ces deux Caps. Il y a au Dépôt une Carte manuscrite de la Côte Occidentale d'Afrique, depuis le Cap-Blanc jusqu'au Cap Verd, *faite par les soins de M. Perier de Salvert en 1721. & corrigée en 1725 & 1739. elle met le Cap-Verd 15 minutes plus Occidentale que le Cap-Blanc.*

(*b*) Il y a dans le Pilote Anglois une Carte particuliere où ce Banc court au S. S. E.

(*c*) Dans le Journal du Vaisseau de la Compagnie des Indes le Courier d'Orleans en 1731. on trouve cette remarque • • • *Le Banc qui est proché le Cap Blanc, est marqué trop Sud sur les Cartes, & plus Ouest qu'il n'est, ce Banc est situé S. E. & N. O. & mal marqué sur les Cartes de Vankeulen.*

La latitude du Cap Mirik est déterminée sur plusieurs bonnes observations. Le Vaisseau le Duc d'Orleans en 1729. l'a observée de 19 degrés 6 minutes. L'Annibal en 1731. l'a observée de 19 degrés 10 minutes, & par une autre observation 19 degrés 8 minutes.

Il résulte des observations précédentes, que cette partie de la Côte d'Afrique est portée trop à l'Ouest sur toutes les Cartes; aussi avons-nous reculé Portendic beaucoup plus à l'Est : de sorte que la différence en longitude du Cap-Blanc à Portendic, qui dans la derniere Carte faite pour la Compagnie des Indes, n'est pas tout-à-fait d'un degré, se trouve sur ma Carte de plus d'un degré & demi. J'en ai trouvé des preuves dans le détail des routes du Vaisseau du Roy le Fleuron en 1737. & dans celles du Courier d'Orleans en 1731. A l'égard de la latitude de Portendic, je l'ai déterminée (*a*) sur plusieurs bonnes observations.

A 5 lieues au Nord de Portendic j'ai placé les Mottes d'Angel, cette distance est assez connue des Navigateurs, pour n'en pas donner les preuves; mais cet esprit de critique & de combinaison qui ne doit jamais nous abandonner, nous oblige de discuter tous les points avec la même exactitude, pour trouver la confirmation des unes par leur liaison avec les autres.

On a vû ci-devant que la latitude de Portendic est de 18 degrés 8 à 9 minutes. Les Mottes d'Angel en sont à 5 lieues au Nord; donc ladite latitude sera de 18 degrés 24 minutes. Or nous avons plusieurs hauteurs prises à la Mer à la vûe des Motes d'Angel, sur lesquelles on conclut (*b*) cette latitude 18 degrés 25 minutes au plus. Ce qui prouve la justesse de ces différentes observations.

Il étoit important de placer le Fort de Senegal par sa véritable latitude, & ce n'est qu'après une discussion très-exacte que nous avons pû y parvenir. Toutes les Cartes marquent le Fort du Senegal par les 16 degrés; on trouve dans le Journal de l'Astrée en 1730. 16 degrés de latitude observée à l'O. du Fort Saint-Louis. Un habile Navigateur commandant la Barque du Roy l'Anemone en 1751, a conclu le Pavillon du Fort par 16 degrés 7 à 8 mi-

(*a*) L'Annibal en 1731, y a observé 18 *degrés* 10 *minutes*, là Nereyde en 1732. a observé 19 *degrés* 10 *minutes*, le Fleuron en 1737. a observé plusieuis fois au Mouillage de Portendic 18 *degrés* 8 *minutes*. Ces observations qui ne différent entr'elles que de 2 minutes, emportent toute la précision nécessaire.

(*b*) Voyez les Journaux du Griffon en 1738. de la Nereyde Vaisseau de la Compagnie 1732. l'Annibal Vaisseau de la Compagnie 1731. le Duc d'Orleans Vaisseau de la Compagnie 1729.

nutes ; & la nouvelle Carte dont j'ai parlé ci-deſſus , l'a fait de 16 degrés 5 minutes, ſi je n'avois rien eu à oppoſer à de pareilles autorités (qui me paroiſſent encore bien fortes) je me ſerois bien gardé de m'en écarter ; mais je crois être certain que le Fort du Senegal doit être placé par les 15 degrés 50 minutes au plus, & plutôt même par 15 degrés 45 minutes. Voici les obſervations dont j'ai fait uſage avant que de prendre ce parti.

Le Courier d'Orleans , Vaiſſeau de la Compagnie des Indes, dans le Journal de ſa campagne de 1731. dit : » *Par la latitude ob-* » *ſervée, l'habitation du Senegal* , (c'eſt le Fort Saint-Louis E. & Oueſt duquel il étoit mouillé) » *ne ſeroit que par 15 degrés 44 mi-* » *nutes ; & non pas par 16 degrés 4 minutes, comme le marquent plu-* » *ſieurs Plans & Cartes.*

Le Vaiſſeau l'Annibal 1731. dans ſon Journal, dit : *Qu'ayant pris hauteur , il a trouvé le Fort du Senegal par 15 degrés 45 minutes :* Voilà deux Obſervateurs différens, qui ont trouvé la même latitude.

Si ces deux obſervations ſont exactes , elles doivent s'accorder avec celles qui ont été faites dans les lieux voiſins : & c'eſt ce que nous allons diſcuter.

1°. Le Bois de Grier eſt à 5 lieues au Nord du Fort de Senegal, cela eſt connu de tous les practiques de cette Côte. Le Vaiſſeau la Baleine en 1731. ayant pris hauteur à l'Oueſt du Bois de Grier, l'a trouvé par 16 degrés 5 minutes. Or ayant placé le Fort de Senegal par 15 degrés 50 minutes, ſi j'y joint 15 minutes pour les 5 lieues vers le Nord, j'aurai 16 degrés 5 minutes pour la latitude du Bois de Grier, conformément à l'obſervation ci-deſſus ; donc elle conſtate l'obſervation du Fort du Senegal.

2°. Du Fort du Senegal juſqu'à un * Eſcale que les Navigateurs appellent le Marigot de Maringoins on compte 14 lieues au N. $\frac{1}{4}$ N. E.

L'Annibal Vaiſſeau de la Compagnie des Indes dans ſa campagne de 1731., en parlant de ce lieu, (dont il fait la deſcription) dit : *Par pluſieurs obſervations de latitude faites proche de terre, cet Eſcale eſt par 16 degrés 30 minutes de latitude* ; or ſi à la latitude du fort du Senegal 15 degrés 50 minutes, on ajoute 40 minutes

---

* Le mot d'*Eſcale* à cette partie de la Côte de Guinée, déſigne un lieu où les Noirs viennent pour la traite , & où l'on peut débarquer. Ce mot répond à celui d'Echelle, uſité au Levant.

pour la différence en latitude qui réfulte des 14 lieues de diftance au N. ¼ N. E. de ce Fort à l'Efcale ; on trouvera 16 degrés 30 minutes pour la latitude de ce dernier, conforme à celle qui a été obfervée par le Vaiffeau l'Annibal.

Il refte à conftater que cet Efcale eft à 14 lieues du Fort du Senegal ; le Journal de la Venus Vaiffeau de la Compagnie en 1728. dit que le Petit Palmifte ou Bois des Maringoins, (c'eft la partie du Nord de cette Efcale) eft à 15 lieues au N. ¼ N. E. du Fort du Senegal ; la Nereide en 1732. a trouvé de l'Efcale des Maringoins au Fort du Senegal 13 lieues.

Ce qu'on vient de voir, doit faire connoître combien il eft difficile de conftruire des Cartes Marines, & nous ne pouvons nous empêcher de dire qu'il eft prefque impoffible qu'elles fe trouvent au gré de chaque Navigateur en particulier ; car comme prefque toutes les obfervations que l'on fait à la Mer, font plus ou moins fufceptibles d'erreurs fuivant les circonftances, foit de la part des inftrumens, foit de la part du tems, & même des Obfervateurs, & que chacun fe regle fur fes propres obfervations par préférence ; ils jugent la Carte dont ils fe fervent, fuivant l'accord qu'ils y trouvent avec eux, fans s'embarraffer de ces moyens de critique & de comparaifon que nous fommes obligés d'employer à chaque inftant, & fans lefquels il feroit impoffible de connoître la vérité.

Du Fort du Senegal au Cap-Verd j'ai mis 37 lieues, je ne crois pas qu'on puiffe en mettre davantage. L'anemone en 1751. a trouvé 35 lieues, le Griffon en 1721. en a trouvé 39. & toutes les routes de Navigations que j'ai pointées pour déterminer cette diftance, ne différent entr'elles que de 4 à 5 lieues au plus. Ainfi l'on ne peut tomber dans une erreur fenfible en prenant une moyenne entr'elles. Cette diftance comparée avec les latitudes du Cap-Verd & du Fort du Senegal, déterminent le giffement de la Côte au S. O. ¼ O., bien différent de ce qu'il eft marqué dans les Cartes Hydrographiques, qui la font courir prefque au S. S. O., ce qui eft très-dangereux pour les Navigateurs ; car fi partant de la Rade du Senegal on faifoit le S. S. O. & même le S. O. ¼ S. loin de pouvoir doubler la pointe des Almadies qui eft la partie du N. O. du Cap-Verd, on iroit donner à la Côte plus de 10 lieues à l'Eft de cette pointe, où très-proche de terre, on trouve plus de

50 & 60 braffes d'eau : cette erreur eft très-dangereufe, & il y en a eu des exemples funeftes.

De la pointe des Almadies ou Cap-Manoël, que quelques-uns appellent le Cap-Emmanuel, la diftance eft conftatée de 5 à 6 lieues tout au plus, & le giffement obfervé eft le Sud-Eft; du Cap-Manoël à l'Ifle de Goré il y a deux lieues à l'E. $\frac{1}{4}$ N. E. relevé avec foin l'un par l'autre.

De ces giffemens & de ces diftances, il réfulte entre le Cap-Verd & Goré environ 15 minutes de différence en longitude; & je ne crois pas qu'on puiffe s'en écarter; cependant les Tables Aftronomiques que nous fommes obligés d'abandonner ici, ne donnent que 5 minutes pour la différence des Méridiens de ces deux lieux; comme on peut le voir dans celles de M. de Caffini publiées en 1740. J'ai rapporté cet exemple pour faire voir combien il faut être fur fes gardes dans la conftruction des Cartes Hydrographiques.

De l'Ifle de Goré à la pointe de la Serene, j'ai mis onze lieues au S. E. quelques degrés Sud, conformément à ce que j'ai trouvé dans les Journaux des Vaiffeaux la Galatée & le Cupidon en 1710. & l'Anemone en 1751.

De l'Ifle de Goré aux Ifles-aux-Oyfeaux qui font au Nord de l'entrée de la Riviere de Gambra ou Gambie, j'ai mis 25 lieues au S. E. $\frac{1}{4}$ S. fur les obfervations combinées de différens (a) Navigateurs; ce qui me place les Ifles-aux-Oyfeaux par 13 degrés 35 minutes de latitude. Le Vaiffeau le Fier en 1732. ayant pris hauteur à 5 lieues au N. $\frac{1}{4}$ N. O. de ces Ifles, a trouvé 13 degrés 48 minutes; ce qui donneroit pour la latitude de ces Ifles 13 degrés 33 minutes, peu différente de celle qui réfulte de la pofition ci-deffus.

Dans le Journal de l'Hermione en 1702, on trouve les routes détaillées depuis l'Ifle Goré jufqu'au Cap Sainte-Marie, à l'entrée de la Riviere de Gambra ou Gambie, ces routes réduites m'ont donné le S. S. E. 4 à 5 degrés Eft 28 lieues & demie. Ce Navigateur ayant pris hauteur, le Cap Sainte-Marie lui reftant au S. E. $\frac{1}{4}$ S. à 10 ou 11 lieues de diftance, trouva 13 degrés 50 minutes,

(a) Le Courier d'Orleans en 1732. dit avoir obfervé de l'Ifle de Goré aux Ifles aux Oyfeaux 25 lieues au S. E. 5 degrés Sud. , l'Anemone en 1721. a obfervé de l'Ifle Goré à l'Ifle Betente 27 lieues au S. E $\frac{1}{4}$ S. Les Ifles aux Oyfeaux font un peu au Sud-Oueft de l'Ifle Betente.

ce qui donne pour la latitude de ce Cap 13 degrés 20 minutes environ. La Frégate l'Anemone en 1751. qui a fait beaucoup de remarques le long de cette Côte, a trouvé le Cap Sainte-Marie par les 13 degrés 20 à 22 minutes. Le même Navigateur ayant relevé l'Isle Betente & le Cap Sainte-Marie à différentes fois, il a trouvé qu'ils gissoient S. O. $\frac{1}{4}$ S. & N. E. $\frac{1}{4}$ N. à 6 lieues l'un de l'autre. Cette remarque s'accorde parfaitement avec la maniere dont les observations précédentes m'ont fait placer ces deux points; j'ai encore trouvé dans les Journaux de l'Aftrée en 1727., & du Fier en 1732. des remarques qui confirment ces positions.

Il me paroît inutile de pousser plus loin cette Analyse qui n'est déja que trop étendue ; on prie feulement de remarquer qu'un accord aussi général entre tant de points différens, prouve très-bien la justesse des opérations.

A l'égard du reste de ma Carte depuis le Cap-Rouge jusqu'aux Iles des Idoles, c'est la copie d'un morceau manuscrit qui m'a été communiqué, & qui me paroît d'un détail qui mérite quelque confiance. Je ne fuis pas le seul qui l'a jugé tel, ayant été employé en 1751. dans la Carte que j'ai citée ci-dessus, a quelques legeres différences près, & qui viennent vraisemblablement des différentes copies que l'on en a faites. Par exemple, fur mon manuscrit il y a une observation de latitude de 9 degrés 42 minutes sur le Cap de la Verga, au lieu que la Carte de 1751. met ce Cap par 9 degrés 20 minutes : ce qui est important pour la Navigation.

J'ai ajouté, pour la satisfaction de nos Navigateurs, le peu de détail que nous avons fur l'intérieur de ces Pays, & fur-tout une partie du cours du Sanaga & de la Gambra. (*Le Fleuve du Senegal & la Riviere de Gambie.*) Cette derniere est copiée fur la Carte que le Capitaine Jean Leach en a donné en 1732. & dont j'ai fait ufage en 1747. dans le Tome 3. de l'Hiftoire générale des Voyages ; & l'autre est copiée fur la Carte du cours du Sanaga, inférée dans le deuxiéme Volume de l'Hiftoire des Voyages, & publiées précédemment par le Pere Labat en 1728. comme ayant été levée par un Ingénieur François, envoyé exprès par le Sieur DEBRUE en 1718.

C

18

Malgré tant de recherches & de combinaisons, je suis bien éloigné de me flatter d'une entiere exactitude : Je sens, autant que personne, combien il est difficile de construire une Carte Hydrographique ; c'est ce qui m'engage à prier tous les Navigateurs qui feront usage de celle-ci, de l'examiner avec soin, de vérifier le plus de points qu'il leur sera possible, & d'apporter dans leurs observations cette attention & cette scrupuleuse exactitude si nécessaire à la Mer, & sans laquelle il nous est impossible de trouver le vrai.

Je ne dis rien des Isles du Cap-Verd, que j'ai cru devoir renfermer dans cette Carte pour la rendre plus utile à la Navigation : Ces Isles peu connues, & fort mal représentées dans toutes les Cartes, sont si dépourvûes d'observations, qu'il ne m'a pas été possible de leur donner le degré d'exactitude que je cherche, quoique je n'aye rien négligé pour y parvenir.

Je les avois déja travaillé en 1746. & j'en ai inseré une Carte particuliere dans le Tome 2 de l'Histoire générale des Voyages ; mais ce morceau qui peut suffire pour la Géographie, n'est pas assez précis pour la Navigation, & je ne l'ai employé ici que faute de mieux. Ainsi je prie tous ceux qui ont quelques détails sur les gissemens, l'étendue, la latitude, & les mouillages de ces Isles, de m'en faire part, & me mettre en état d'y faire les corrections nécessaires.

Cette Carte se trouve à Paris chez M. BELLIN, Ingenieur de la Marine, Rué du Doyené, du côté de la rue S. Thomas du Louvre.

De l'Imprimerie de JACQUES CHARDON, rue Galande, à la Croix d'or. 1753.